달팽이가 무섭다

문학의전당 시인선 42
달팽이가 무섭다

초판인쇄 2008년 1월 10일
초판발행 2008년 1월 15일

지 은 이 김경진
펴 낸 이 김충규
펴 낸 곳 문학의전당
출판등록 제387-2003-00048호(2003년 9월 8일)

주 소 152-841 서울특별시 구로구 구로6동 97-1 로얄프라자 206호
전화번호 02-852-1977
팩시밀리 02-852-1978
블 로 그 http://blog.naver.com/mhjd2003
전자우편 mhjd2003@naver.com

ISBN 978-89-91006-80-5 03810

달팽이가 무섭다

김경진 시집

문학의전당

自序

바람이 있는 곳에
항상 내가 있고 싶었다
바닷가 작은 마을에서
바다로 뛰어드는 방파제에도,
푸른 바람이 부는 숲 속에도,
그 숲 속의 나무와 이끼에도
바람보다 먼저 가 있고 싶었다
그러나 나는 늘 바람이 쓸고 지나간
뒤끝만 좇아다녔다

시를 쓰는 일도 그렇다.

●●● 차례

1부 달팽이가 무섭다

2부 꽃몸살

3부 나뭇잎 편지

4부 손바닥 녹

1부

달팽이가 무섭다

눈

"달이 부서져 내린다"
"응?"
"아빠! 아프겠다"
"아파? 누가?"
"달, 달 말이야"

제 몸을 부숴서 빛가루가 되었구나
저렇게 많은 조각들이 모두 달의 몸이었구나
얼마나 아플까
스스로를 조각내야만 빛을 밝힐 수 있다니
여린 나트륨 등 아래서 아이가 울상이다

손바가지로 받아든
달의 잔해들이 녹아 아이가 빛난다

달팽이가 무섭다

밭 한 뙈기에 쳐놓은 고랑과 고랑이 그의 집이 되었다 흙 속에 숨겨 논 씨앗들이 몸을 갖자마자 아무도 알지 못할 곳으로부터 이주는 시작되었던 것이다

그의 본능은 푸른빛이다 상추와 얼갈이와 열무다 푸른 잎과 줄기가 있는 한 그의 집은 견고하다 버리지도 벗어나지도 않을 조건이 본능을 유발시킨다

하루에 한 번 성지를 돌 듯 느릿느릿 집 주위를 긴다 잎과 뿌리를 순례하는 그의 길은 멀지만 즐겁다 그는 속도에 얽매여 본 적이 없다 기는 것이 가장 안전한 속도다

그러나 나는 그의 느림을 지켜보다 숨이 가빠진다 턱밑까지 오른 숨을 짚어본다 내 본능은 휘발유다 고랑 사이를 펄펄 날아다니다 금세 주저앉는다 본능에 관한 한 자가진단일수록 정확하다

그가 긴 자국에서 푸른 냄새가 은근하다 냄새를 따라 걷는다 그런데 (그러나, 그리하여, 그래도) 꿈틀거린 거리는 같다 달팽이가 무섭다

포말

포말은 파도의 잔해만이 아니다
바다를 향해 뻗어가는 계곡의 폭포 밑에도
옹골차게 일어났다 스러진다
늦은 밤 술꾼들이 왁자한
민박집 유리창을 넘은 불빛이
희미하게 나무 끝에 앉아
나무 아래와 나무 위의 어둠을 갈라놓고 있는
거기 선들한 바람이 출렁이게 하는
나뭇잎은 나무의 포말이다
어둠의 마지막 자리에서 하얗게 깜박이는
별들은 우주의 포말이다
일행으로부터 떨어져 나와
산그림자 속에 드러누워 있는 나는
세상이 떨궈낸 포말이다

평행 1

Ⅰ

점멸 신호를 다오
눈치껏 생을 횡단할 수 있도록

서로 부딪쳐 잔해만 뒹구는 횡단보도 끝에
내장을 드러낸 채 방치된 두 대의 승용차에게선
지루한 냄새가 엇갈린다

핏자국 같은 붉은 신호등에
진로를 차단당한 내게서도

Ⅱ

섬을 돌아온 바람이 방파제에 머리를 찢던
마량의 등대 아래서 나는,
미끼마저 떨어져 나간 낚싯대를 잡고
눈먼 숭어의 길을 지켰다

낚싯대와 바다가 이뤄놓은 수평 사이에
곤혹스런 그림자 하나 일렁이고 있었다

Ⅲ

건물과 건물 사이를 수직으로 잘라내는 장대비,
그 낙하를 자르는 앰블런스 경광등,
신호를 무시한 채 질주해버린 바퀴자국만
빗물 위에 선명하고

플라타너스 잎이 비를 맞아 시퍼렇게 멍이 든
얼굴을 구기며 보행등 옆으로 툭, 떨어진다

Ⅳ

정박한 어선들이 상처나지 않을 정도씩만
옆구리를 부딪치며 파도에 배를 담근 선착장에서
쥐포를 씹으며 소주를 마셨다
왁자한 사람들의 웃음에 방향이 막혀
몸을 뒤집던 파도를 마셨다

어둠이 내려앉을수록 수평선은 가까워지고
마량에서 다시 그은 생의 평행선에 취했다

평행 2

I

바다가 등대를 지키고 갯강구는 바다를 지킨다
등대는 먼데 육지에 시선이 닿아 있다
회진 포구에서 바다가 눕고 파도가 입질을 한다
마량의 푸른 바람이 벼들을 키우고 벼들은 평야를 키운다

해안선을 따라 바다와 육지는 서로 시작한다
그 출발의 순간에 서슬 퍼런 생의 선이 그어진다
방파제는 나와 바다를 경계 짓는다

여러 번 떠났어도 돌아오는 곳은 겨우 한 곳, 바다다
그러나 아무도 나를 바다라고 부르지 않는다
까막섬만이 눈을 맞추며 그렇지, 그렇지 고개를 까딱인다

II

낯익은 동승자의 얼굴들이 낯설다
우리가 몸을 실은 차는 후진 기어가 들어가지 않는다
멈추거나 뒤로 가는 것들은 익숙하지 않은 길과 나무뿐이다
곧장 닿은 천관산에서 하늘을 본다

드러누워 맞댄 하늘이 내 몸과 나란하다

낮별들이 우루루 삼나무 잎에 오줌을 지린다
물방울이 떨어지고 나무 밑 폭포가 우는 것은 한참 나중이다
민박집 평상에 앉아 동행자들은 서로의 얼굴에 술을 따른다
술보다 먼저 넘친 술잔을 마신다 별이 지려놓은 술 냄새 시원하다
평상 밑에서 작은 풀들이 넘쳐흐른 술에 취해 수런수런하다
고마워, 낮은 풀잎들아 사는 것이 새삼 즐거운 노동이구나

이끼꽃

꿈을 꾸고 있었다 엉겅퀴 씨처럼 바람을 타고
어디든 자유롭게 몸을 풀고 싶었을 것이다
하지만 기어 다니는 것들의 숙명은 꿈까지 뭉그러뜨린다
낮은 바람이 수면을 타고 날았다 그 순간
계곡물의 수면이 정적을 깬다 이끼꽃의 숨소리였다
정작 나무꽃들은 툭, 툭 몸통을 화려하게 떨어뜨렸지만
바닥을 기는 돌꽃 같은 이끼꽃은
추락하는 짧은 거리만큼 눈에 띄는 일도 없었다
그러나 물등에 올라탄 바람의 등을 타고
나무꽃의 몸통에 재빠르게 옮겨 앉는 저 몸놀림,
본능은 모든 상식을 긴장시킨다
낮게 깔린 물바람에 잠겼다 떠오르기를 반복하면서도
이끼는 단단한 돌 표면에 질긴 생명을 번져내고
기어이 꽃을 피우고 씨를 떨어뜨린다
하늘을 날지 못하는 것들의 선택은 물 위를 나는 것이다
작은 것일수록 집착의 범위가 넓어진다

서어나무 옆에서

낮은 자세로만 살아갈 수는 없겠지
때로는 고고한 척, 모든 것에 통달한 척
편백처럼 꼿꼿한 직립으로
하늘을 마주 보기도 해야겠지
그러나 나는 나무그늘 밑 잔돌 사이에서도
진하게 살아내는 이끼에 자꾸 눈길이 간다
낮은 것일수록 생명을 번창시키기 위해
보이지 않는 곳에서 더 부지런히
움직인다는 것을 나는 믿는다
발밑을 조심하며 숲길을 걷는다
가볍고 작은 생명들이여 안녕하라

플라타너스

플라타너스는 왜 씨를 싸서
저리 단단한 구슬로 매달아 놓았을까

잎 떨군 다음에도 꿋꿋이 지켜내다
어느 날 모든 관심으로부터 멀어질 때
슬쩍 지나가는 바람의 등에 얹어버리고는
시치미를 떼고 있네

방울을 갖기나 한 적이 있냐고 되묻는 듯
마른 가지를 어깨 위로 휠쩍 올려보이며
환하게 웃어도 보이며

밤새 눈이 폭 쌓인 논두렁을
넋도 얼도 다 놓고 걷다
힘센 들바람에 몸을 둥그렇게 마는
여섯 살배기 딸아이의 손을 잡아끌어
외투 주머니에 넣을 때였네

암갈색 플라타너스 방울 하나
눈 속에서 반절만 얼굴을 내밀고

꿈틀거리고 있었네

썩어가며 내놓는 열로 눈을 녹여 먹으며
마지막 살아남을 한 톨의 씨를 위해
보드라운 과피가 모두
스스로 먼저 죽어가고 있었네

하, 구슬로 뭉쳐놓은 플라타너스 너른 잎의
속마음을 알겠구나

자작나무

Ⅰ

그 옆의 낙엽송은 멀쩡히 서서
겨울 아침 햇살을 받고 있는데
자작나무는 누워서 햇살을
받고 싶었나 봅니다

Ⅱ

그래야겠습니다 때로 덥석
땅에 누워 볼만도 할 겁니다
직립의 일상은 얼마나 뻣뻣한가요
그냥 쓰러지듯 누워서 맞이해도
부끄럽지 않은 사람 하나 가슴에 키우면서
자질구레한 이야기들을 전하렵니다

Ⅲ

이리 와요 마른 풀잎을 베고
자작나무처럼 누워보게요
그랬던가요 어제도 오늘도

걷다 뛰다 쉬지 못했던가요
잊었던 것, 버렸던 것
찬찬히 가슴팍 위로 기어오르지요
가끔 서있기 버거울 때면
누워서 옆으로 키를 키우는
자작나무가 돼보게요

면허증

후 욱 하고 길게 부세요
대롱은 절대 밀려나지 않는답니다
당신의 입과 내장이 모두 연결돼 있는 것처럼
대롱은 기계의 모든 회로와 연결돼
오차를 인정하지 않아요
맑은 정신을 얽힌 타래처럼 놓았으니
이제 둥근 생의 운전대도 내려놓아야 할 겁니다
주소도, 주민등록번호도, 전화번호도 다 맞지요
여기에 손가락을 꾹 눌러주시면 됩니다
간단하지요 단순한 것도 때론 어렵답니다
생계라든지 편리라든지 유혹이 남겠지만
생의 무한질주에 길든 시간들에게서 내려오세요
억울하세요, 재수가 없나요
누군들 그렇지 않겠어요
배반은 수시로 일어나고
기회는 속절없이 흩어지지요
불행은 꼬리를 물고 오고
행운은 항상 뒤쳐져 있답니다
속도가 여태 당신을 지배했을 겁니다
당신이 알코올에 내던진 근육과 정신과 신경들처럼

면허도 이완됐네요
자, 이만 증을 반납해야 합니다

매미꽃

완전한 몸체를 남겨두고 성한 몸만 빼내
또 한 생을 살아갈 수 있다는 것이 가능할까

나무 둥치, 껍질의 울퉁하고 불퉁한 틈새에
발끝을 걸고 속이 빈 꽃을 피워놓았다
지지 않는 꽃을 피워놓고 한낮동안만 지키다
가야 하는 것이 서러워서 그렇게 매미는 우는 것 아닌가

벗어놓으면 내 허물도 마른 꽃이 되어
또 한 생을 시작할 수 있을까

때밀이

두터운 삶의 더께를 벗는다
한 치의 오차도 없이 대칭을 연결하며
밀어대는 때타올의 속도가
그동안 내 몸뚱이였는지도 잊어버렸던
사지 구석구석의 감각을 일깨운다
두어 달 몸을 두르고 있던 문신들,
스스로 그려 넣지는 않았으나 단단히 달라붙은 채
무늬를 만들고 있어 주인인 듯한 객들을
타인의 손을 빌려 밀어낸다
누가 있어 감히 온 힘을, 정성을 다해
내 감각들을 가뿐하게 끌어올려 줄 수 있는가
반생을 같이 하고 있는 아내도 이처럼
발가락 사이사이까지
사타구니 밑까지
후련하게 긁어내지는 못하겠지
뽀얀 김이 몸을 뚫고 일어나
망초꽃처럼 불모지를 덮듯 피어나는 것이다

도살장 가는

소 한 마리 2.5톤 트럭을 버텨낸다
커브길마다 쏠리는 무게를
안간힘 쓰며 지탱하는 다리,
불거져 나온 힘줄이 바퀴를 지배한다

목숨 내놓으러 가는 건 소인가 트럭인가

2부 꽃몸살

開花

마음 한쪽 부려놓기가 이렇게 힘듭니다
누군들 쉽게 몸 터, 내보일까마는
한 귀퉁이라도 탈탈 떼어내 활짝 터뜨리고 싶은 것을
빨랫줄에 널린 속옷들을 바람이 따숩게 말리고
속옷들은 사월을 부둥켜안고 팽팽하게 몸을 부풀립니다
가슴을 적시는 날이 깊을수록 그 깊이만큼 오래 젖어
와, 하니 눈물 터뜨리듯 새순들은
모과나무 가지에 방을 들이고 있습니다
곧 사글세를 내놓듯
흐,
　　　드,
　　　　　　득,
꽃을 받쳐낼 것입니다

끝물

끝물 단풍 보러 산을 오른다
아이들의 조막손 같은 낙엽 위를 온 가족이 함께 걷는다
—아야, 찬챈이 좀 가라
몇 발짝 떼기도 전에 어머니는 이미 뒤로 쳐진다
—무르팍이 뚝, 뚝 끈어져 불라고 혀서 당최 못 가것다
어머니의 무릎이 평지나 오르막이나 구별하지 못하게 된 지는 오래다
—하이고, 내 새끼들 잘도 가는 거 보소, 끝물 단풍맨키 빠르기도 허제
손녀들의 가벼운 걸음 뒤축에 삶의 은유를 던진다
—늬 아부이가 살았을 때는 못 간다고 안즌뱅이만치로 주저앙근 내 손고락을 질질 끌고 여그를 올라갔었당게
어머니의 손가락 끝이 추억의 깊이를 짚는다
—죽어분게 그때 잘 따라댕길 걸 인쟈 후회막심이다
어머니의 숨찬 목소리가 아이들과 내 등짝에 달라 붙는다
아내는 오르던 길을 내려가 어머니의 손을 잡는다
단풍잎보다 벌게진 낯이 한참만에 단풍나무 사이로 올라온다
—아고, 아고 불그작작헌 이파리를 본게 딱 술 한 잔 걸친 늬네 아부이 낯짝것다

나뭇잎을 긁어모아 아무렇게나 바닥에 앉는 어머니의 얼굴에도
어느새 끝물 단풍 들어있다

천진암

대숲에 붙은 바람이 사그락 댓잎을 밟는다
싸락, 싸락 댓잎은 서로의 소리에 잎귀를 세운다

'그럭 한 개 줘봐'
어머니는 물바가지에 약숫물을 받아내서는
내 코앞에 질러놓는다

'야야, 한 그럭이면 충분하제, 두 그럭, 세 그럭 먹는 것은 죄여'
'요, 그럭 한 개만큼이 늬것여, 괜시런 욕심덜이 분에 없는 일을 맹글고 그런다'
'부처님헌테 물값 허로 가야것다'

그릇을 그럭이라 굳혀버린 어머니의 발음 속엔
그럭그럭 한 그릇만 채울 만큼 모든 것이 허락된다는
자족의 철학이 숨겨져 있다

법당을 향해 훠이 훠이 걷는 뒷모습을 지켜본다
법당은 어머니의 대숲이다
붉은 점처럼 어디서 날아왔는지 단풍든 이파리 몇 장

푸른 댓잎에 걸려 풍경처럼 바람의 방향을 숲에 고한다

비나이다, 비나이다 숲을 향해 허리를 궁그리고
세상 이치에 귀 기울이는 어머니의 손그럭

감자를 심으며

감자의 눈을 저며 내듯
칼질을 한다

몸통을 토막 내는
엽기적인 일인데도
감자는 진물을 흘리면서
흙에 닿자마자 척, 달라붙는다

삼등분으로 잘, 살해된
감자를 묻는다

토막 난 몸의 일부가 썩어야만
눈을 뜨고 그 힘으로 흙을 뚫어
파란 잎사귀를 밀어올릴 것이다
그제야 꽃은 눈부시다

제 몸을 썩여 새롭게
몸을 만들어 내는 것들만이
죽어서도 악취가 없다
훌륭하게 썩는 것이

팽팽하게 살아나는 일이다

흙을 북돋워 봉분을 만든다
때가 되면 봉분 안에
제대로 몸을 갖춘
감자들이 드글드글할 것이다

내 몸도 흙에 닿으면
정겨워지는 것이
새로운 몸이 생겨날 것만 같다

꽃몸살

꽃잎 한 장 한 장마다 그녀의 몸살이 새겨져 있다 계속된 그녀의 넋두리가 낙원식당을 주름지게 한다 잡일을 하던 내내 웃는 만큼, 썰렁한 방을 찾아든 후엔 울어야 한다는 그녀의 말 속에서 벚꽃 잎들이 후두둑 떨어졌다 떨어진 꽃잎들이 잔잔한 계곡 물소리에 잡혀들고 물소리가 멀어지는 만큼 꽃잎들도 멀어졌다 그녀의 눈자위에서도 꽃잎들이 떨어지고 있다 추억은 때로 눈물 꽃잎이 되어 눈을 벗어나기도 하는 것이다 그러고 보니 그녀의 슬픈 웃음을 넘어 주름살 틈에서도 꽃잎이 떨어지고 있다 그녀는 한 그루 오래된 벚나무였다 그녀가 피워 던진 꽃잎들은 우리가 마주잡고 있던 막걸리 잔에 흰 달처럼 떠다니고 있다 잔을 마주치고 후,후 달을 불어 한쪽으로 몰며 밤새 우리는 은하수를 마셔야 했다 울어야 하는 만큼 어디서 혼자 웃을 수 있기를 바라며 나는 삶의 작부를 자청하고 있지만 후미진 식당에서 그녀처럼 쾌활한 척 바쁜 잡일꾼도 되지 못하고 있다 계룡산 자락을 타고 넘은 바람이 벚나무를 뒤흔들 때마다 꽃잎이 흩어지는 것처럼 그녀의 신경들도 무섭게 반응하며 꽃몸살을 앓는다 밤새 안녕하여라 꽃잎들이여

백년한의원

인사를 하고 인사를 받는 얼굴이 미지근하다
뒤적이던 신문을 한 번 더 뒤적이고 나서야 물어온다
어디가 아픈지, 어떻게 아픈지
장황한 앓는 소리를 다 듣고난 진단은 간단해서 허망하다
–살아봤자 백 년 아니것어, 백 년도 길제
–침이나 한 대 맞고 가
느리게 찔러넣는 침끝도 민적지근하다
침상 옆에 둘둘 말린 침구들도 나른하다
잔뜩 긴장하던 근육들이 평평하게 이완된다
–여가 더 아픈가, 여가 더 그런가
–거그나 여그나 똑같을 겨, 사는 게 쉽사리 다 분간되는 것이 아니제
나무늘보 같은 손의 움직임을 따라 몸의 통증도 이동한다
흥얼흥얼 판소리 가락을 펼쳐놓듯 문진을 하는
백년한의원에 마음을 맡길 때마다 몸이 둥그러진다
–몸만 의원에 맡기는 것이제, 병은 지 맴에 맡기는 겨
문을 나서는 등 뒤가 둥실 떠오른다

감자를 캐다

탱글탱글한 알맹이들이 따라 올라온다
제법 굵은 씨알들은 그대로
흙 속에 얼굴을 감추고 있다
장마가 오기 전에 캐내야 했던 것들을
뒤늦게 비가 멈춘 짬을 놓칠세라
부지런히 호미질을 한다
운동화 바닥에 쩍쩍 달라붙어
걸음걸이를 힘겹게 하는 것은 흙 속에서도
썩지 않고 버텨준 생명력에 감사한다
오랜 장맛비에 물러버린 줄기 밑에서
줄기와는 다른 삶을 살고 있었구나
보이지 않는 곳에서 더 끈덕지게
생명을 지키는 것들이 희망이다
호미 끝을 따라나오는 삶을 만난다

쑥을 뜯으며

쑥물이 밴 손톱 밑을 파내다
이끼처럼 번져가는 그리움에 물든다
팔짱을 낀 채 누워있는 제비꽃을
일으켜 세우는 산바람 속에도,
얕은 숨을 토해내며
피라미 떼를 키우는 계곡 물속에도
쑥물 같은 그리운 멍이 들어있다
그때는 다 그랬다
숨겨야 아름다워지는 짝사랑처럼,
스무 살처럼 속으로만 앓았다
그러나 사랑하는 것 말고도
살아내는 모든 일들이
그리움과 닿으면 상처가 된다는 것을
이제 모르는 나이를 넘겼다
다시 쑥을 뜯는다
손톱으로 똑똑 끊어내는 그리운
상처들이 손 안에 차곡차곡 모여든다

풀씨

이른 점심을 혼자 먹고 뙤약볕에 앉아
삐꺽거리는 옥상 문을 본다
아무것도 문틈으로 드나들지 않을 거라고
생각하는 순간 미세한 것 하나
심오한 정적 속으로 날아들어 온다
정오의 초여름 하늘과 가까운 건물 꼭대기,
뜨거운 볕 속의 고요는 얼마나 정교한가
깊은 바다 속보다도 출렁임이 없는 대기에
균열을 일으키는 먼지 같은 것, 오월이었다
이렇게 높은 곳에서도 오월은
새로운 씨앗을 받아 안고 있었다

작은 일

새를 죽이고도 나는 죄책감 없이 내쳐 달리기만 했다 바닥을 드러내놓고 널브러져 있는 대야저수지를 끼고 차를 몰아가면서 가끔 먼지 이는 논바닥처럼 갈라져 있는 농사꾼 걱정을 한 것도 같지만 그것은 사치스런 동정이었을 것이다 물오른 버드나무 실가지에 걸린 따순 봄볕에 정신을 팔고 하품을 하다 낮게 날아가던 새를 치었다 그 길은 내가 가야만 하는 길이 아니라 새가 가야 하는 길이었을 것이다 불청객에게 치인 새는 바닥에 떨어지자마자 바퀴에 이그러져 버렸으리라 죽어 형체마저 보존할 수 없었을 새의 절망을 나는 금세 잊어버렸다 죽음이란 이미 일상과 일상을 잇는 아주 작은 일이 아닌가 얼굴도 몰랐던 죽은 이의 문상을 하는 것처럼 엄숙한 표정을 지어야 한다는 것을 알고 만들어낸 울상은 얼마나 우스운 비극인가 더구나 주먹만 한 산새 한 마리의 죽음이라니 그러나 전조등을 켜고 도착한 아파트 주차장에서 라디에이터에 날개가 끼인 채 목숨을 놓지 않고 늘어져 있는 새를 발견했을 때 나는 무서웠다 죽지 못한 새보다 죽음까지 무시하려 했던 내가 더 무서웠다 새를 날려 보내며 내 무서운 작은 일의 경계도 날려 보내야 했다

이사

바리바리 보퉁이를 싸놓고 보니
좁아터진 방 어디에도 내가 누웠던 곳이 없다
꽁꽁 묶여진 이불 보따리와 함께 방에서 뒹굴던
나와 아내의 냄새마저 짐이 되어버린 것일까
묵은 고린내를 풍기며 일상에서조차도
방치되어 있었던 신지 않은 신발들,
어떻게 못대가리를 때려야 시멘트벽을 뚫고 들어갈지
타격법을 잃어버린 망치와 한때 열대어가 놀았던
인공수초를 여전히 품고 있는 수족관,
딸아이들이 세 살 적, 네 살 적에 굴리고 놀았던
장난감 자동차와 헬로우 키티 머리핀을 맨 바비인형들
이것들은 짐 속에 들어가지도 못하고
쓰레기봉투에 빽빽이 눌려 있다
버려진 것들에 어쩌면 소중했을 기억들과
언젠가는 버린 것을 안타까워할지도 모르는
소중할 시간들이 때굴때굴 눈을 굴리고
있을 것이다, 라고 생각하면서 콧등이 짠해진다
동사무소에서 받아온 폐기딱지를 붙여 내놓은
낡은 의자에 아내가 잠시 손을 놓고 앉는다
의자와 아내가 서로 잘 어울린다, 그렇다 라고 느끼면서

오랫동안 같이할수록 닮아가는 것이
사람과 사람 사이에서만 일어나는 일이 아님을 깨닫는다
저렇게 버릴 의자처럼 누추해지면
아내는 내게도 폐기딱지를 붙여버릴까
갑자기 오돌거리는 살갗의 소름에 가슴이 텅 빈다

티끌

비가 내리는 초겨울 아침의 출근길
나프탈렌 냄새가 신산한 옷장을 열고
서둘러 챙겨 입은 옷에
히끄므레한 티끌 몇 개 붙어있는 것을 봅니다
가볍게 손바닥으로 탁, 탁 털어 내보지만
제법 단단하게 밀착돼 떨려날 듯하다
다시 제자리에 달라붙고 맙니다
어쩌면 지난 겨우내 내 몸인 듯
나와 함께 살아왔을지도 모른다는 생각에
한 번 더 손바닥을 들이밀다 멈추고 맙니다
올과 올의 간격에 미세한 뿌리를
수없이 뻗어내고서야 저리 야무지게
자신을 지켜낼 수 있을 것입니다
내 몸의 털들을 모두 곤두세워
촘촘한 세상에 뿌리로 심어야겠다고,
내가 티끌 아니겠냐고 피식 웃음이 납니다

파장

머물지 못할 삶의 밑천을 부려놓은 좌판 위에서
어린 딸이 양은그릇처럼 앉아 있습니다
나이보다 갑절이 늙은 얼굴의 아내는
부지런히 하루의 벌이를 손가락으로 세고
그는 팔아버리지 못한 장돌뱅이 삶을
다시 챙겨 트럭으로 나르고 있습니다
칠갑산에서 내려온 밤이 정산장터에 포진을 마치면
왁자한 해장국 집에서 고단한 시간들을 끓여내는 냄새,
장날 하루만큼만 벌어 모은 사람들의
고릿한 땀 냄새가 범벅이 되어
떠날 채비를 마친 장꾼들에게 최면을 겁니다
순댓국에 밥 한 공기 말아 딸아이의 밥그릇에 덜어주다
그는 끝내 고개 떨구고 맙니다
불콰해진 눈시울을 알아채고 아내는
소주 한 잔 따라 깍두기 옆에 놓지만
깍두기보다 빨개진 눈 속에서 숟가락을 빠는
여섯 살배기 딸과 함께 다만 전포가 딸린
방 한 칸에 머물 수 있는 날을 위해
슬그머니 술잔을 감추고 맙니다

동심同心

산을 오르다 보면 마음이 순해진다
올라온 거리만큼, 올라갈 거리만큼

수풀 사이를 까만 새 한 마리
제 집 멀리로 돈다
경계하는 약한 처지를 이해하면서
두 팔을 수평으로 벌려
나도 살풋 지면을 차고 날아본다
새집과는 반대방향이다

동감同感

길을 걸었습니다
고개를 숙였습니다
노란 길이었습니다
길 위의 길,
길 밖의 길이었습니다
나무는 빗자루 같은 바람이
가지 사이를 쓸어낼 때마다
한사코 붙잡고 있던
가을을 놓쳤습니다
나는 지문처럼
가슴에 찍어 놓았던
그대를 놓쳤을 겁니다

3부

나뭇잎 편지

간격

숲에 들어가 보면 안다
나무와 나무도 스스로 사이를 두고 선다

숲이 깊어질수록 일정해지는 간격
서로에게 수없이 가지를 뻗고서도
몸과 몸이 닿을 수 없다니

그러나 새 한 마리, 다람쥐 한 마리
등을 기대었다 갈 수 있도록
열어놓은 문이다

밤사이 몸을 둥그렇게 만 하늘이
내려왔다 새벽이면 날개를 달고 다시
풍만해지는 공간이다

숲을 오래 걸을수록 내 몸이 넓어진다

안과 안의 차이

붉은 잎들 사이에 파묻힌 은행잎이
더 명료한 가을 산,
비가 내리는 산길 옆에서
노란 잎 하나 막 낙하 중이다
풀섶을 내밀어주는 적상산,
치마주름 위를 팔랑이는
잎의 운명이 위태롭다
산의 안쪽과 도로의 안쪽,
떨어짐의 위치가 생을 결정하리라
잘 썩어 다시 푸른 잎과 가지로
찬란히 환생할 수 있을지
육중한 차바퀴에 짓이겨져
갈가리 흩어져버릴지
잎 안에서는 어떤 싸움이 일어나고 있을까
바람을 타고 지상으로
안착하는 모습이 비장하다
바닥에 노란 그림자가 비치는 순간
아, 숨죽인 산의 긴장감이여
한 가지에 매달려 있다 곧
앞선 자의 길을 따를 잎, 잎들이여

부르르 몸서리만 치는

붉은 잎맥 속에

붉은 것들의 잎맥 속에
산이 들어앉아 있다

자궁 속에 웅크린 태아처럼
평온한 산 속에는
파릇했던 봄도, 울창히 번영했던 여름도
바람을 타고 날아든 가을도,
모든 허물을 벗겨내고
하얗게 감싸버릴 겨울도 그리고
또 온갖 것들의 표정이 쉬고 있다

품어 안은 것들이 많을수록
크나큰 봉우리마다
바다보다 깊은 처녀지, 하늘과 교접 중인
가을 산 그 깊숙한 기슭 한가로운 어디쯤에서
욕된 생각들을 모조리 추려내 버리고
낮게 잎 떨군 상수리나무 아래
나도 시체처럼 반듯이 눕는다

붉은 것들의 잎맥 속에

내가 드러누워 있다

겨울나무

나무가 내게로 기대옵니다
서로 말할 필요를 느끼지 못합니다
기대는 것은 참, 살가운 일입니다

나무가 다른 나무에게 기댑니다
다른 나무는 또 다른 나무에게 기댑니다
서로 기대면서 불길처럼
따순 몸길을 냅니다

그 몸길이 내 안으로 들어와
내 안에서 길을 넓히고 굳어져
몸 밖으로 나가 껍질로 돋습니다

껍질째 다른 나무에게 기대
몸길을 건네줍니다
길이 몸과 몸들을 미로처럼 연결합니다

기대고 기대고 기대는 나무들로
숲이 모두 어깨를 걸고 있습니다
누구나 겨울 숲에 들어오면
어깨를 내주는 나무가 됩니다

나뭇잎 편지

산을 내려가는 물을 따라 봄이 내려오는
동학사 계곡에서 겨우내 썩지 못한
나뭇잎이 새겨 논 이야기를 읽는다
입춘 이후에 몇 차례 더 눈이 내려
눈사람은 아이들 곁에 잠시 더 남을 수 있을 거란다
바람은 아직 북극에서 꼬리 끝을 빼지 못했으므로
남쪽으로 가지 못할 거란다
그러나 나무들은 이미 수액을 채워
봄을 틔워낼 준비를 다 하였고
숲의 가장 낮은 곳으로부터 풀뿌리들이
몸을 펴고 있다고 또박또박 써놓은
나뭇잎 편지를 들고 산을 내려가는 등짝에
봄이 살짝 붙어 따라온다
내 몸에 그려놓은 무늬들은 누가 보아줄까
살아낼수록 선명해지는 고마운 상처들,
그리운 아픔들 거기에도 봄물이 들어
화사한 꽃으로 피어날 수 있을까
고개 들자 마주친 다람쥐의 눈 속에
내 몸이 들어가 있다

메타세쿼이아

그렇게 비갠 뒤의 가을이 누추해져 가고
그리워했던 것들마저 잊어버린 줄 알았을 때,

바바리 깃을 빳빳이 세우고
두 손마저 호주머니에 깊이 쑤셔 박은 채
결코 일탈하지 못할 삶의 경계를 걸어야 했다

그때야 비로소 너는 잔잎들을 포도에 던지며
기다림의 껍질을 벗겨냈고
오래된 인연의 부름 같은
길의 손사래를 밟아 나는 너에게로 갔다

그 길의 끝으로부터 가끔 물비린내 같은
기억들이 개울의 가장자리를 따라
시계 소리처럼 째깍이며 우리 곁으로 흘러왔지만
물오름이 멈춰 누렇게 탈색된 네 얄팍한 가지와 함께
빛나지 못할 거름의 운명으로 땅바닥에 엎드렸다

잊을 수 있다는 것에 대하여 혹은
잊어야 한다는 것에 대하여

교감을 나눈 적이 있었던가

내 머리 위로 너는 잊지 말아야 한다고,
다시 그리워해야 한다고,
세상에 잊을 수 있는 인연이란 아무것도 없다고
무수한 잎들을 얹어놓은 채
비가 그친 낮은 하늘만 쳐다봤다

어쩌면 아주 오랜 후에
또 다른 너로 네 곁에 서야 하리
굵직한 가지로라도 남아야 하리

따뜻한 숲

신원사 돌담을 쓰다듬으며 손바닥으로 걸었다
손은 잊지 않을 것이다 돌이 밀어 올리는
따순 속바람이 어떤 것인지
숲으로 들어갈수록 깊어지는
나무들의 껍질을 만지며
돌담이 끝나도 길가상으로만 걸었다
나무에 빨려 들어가는 손가락의 경련이
발끝까지 따뜻하게 덥혀왔다
그렇게 나무 사이에서 나무처럼
두꺼운 껍질이 돋아날 때였다
껍데기를 파고든 버섯들에게 진액을
젖 물림 하고 있는 굴참나무와 손이 붙자마자
더 이상 숲으로 들어갈 수 없었다
몸속의 모든 기운이 손끝으로 몰리는 듯했다
죽어서도 서 있어야만 하는 나무도,
나무를 끝내 눕지 못하게 하는 버섯도
그리고 나도 한데 붙어 참, 더웠다

단 바람 들었네

나뭇잎 속에는 달디단 바람이 들었다네
단내가 진동하는 능선을 따라 걸으며
숲으로 들어간 사람들,
모두가 나무가 되는 용문굴 지나 낙조대에서
떨어져가는 해를 구름에 빼앗긴 채
붉게 익어가는 선운산의 가슴에 안겨버렸지
여문 알갱이 같은 바람이 건드릴 때마다
툭, 탁 숲의 긴장을 풀어주는 도토리의 낙하,
살짝 물 위에 내려앉는 느릅나무 잎 한 장에도
화들짝 흩어졌다 모이는 피라미 떼
그 모든 익숙한 본능 속에도 단 바람 들었네
사람과 사람 사이, 보이는 것과 안 보이는 것 사이
틈이 있는 곳 어디든 숲 아닌 곳이 없네
달콤한 바람 내놓는 숲, 거기 안에 쌓인
나뭇잎 같은 내 손바닥에서도
향그런 바람 배어 나오네

남도여인숙

사랑은 멈춰있다

먼 길을 떠나는 사람들은 안다
떠난 길 어디쯤에서 결국
사랑하는 것들은 돌아갈 곳에
남아 있다는 것을

여인숙을 나와 역으로 향하는 사내는
아마도 떠나왔던 곳으로 돌아갈 것이다
돌아가선 다시 떠날 곳을 물색하겠지만
또한 떠나갈 곳과 돌아갈 곳이
언제나 동일하리란 것도 알게 될 것이다

가장 사랑하고 사랑을 주는 것들은
다만 그 자리에서 움직이지 않는다

감포에서

I

그리움을 몸에 달고 다니는
노인네들은 살아온 나이만큼,
주름살의 두께만큼
벌써 갈매기가 지키는
대왕암을 향해 긴 합장을 한 채
눈시울이 젖고 있었다

그 눈시울에서 배어나온
추억들에 흔들리며
결코 닫히지 않는 절간의 문들이
관통하고 있는 의미에 갇힌 채
나는 파랗게 일렁이는
갈매기의 눈동자를 따라갔다

II

불국사에서 석굴암을 지나
감포까지 구부정거리는 길 위에서
하얗게 젖은 낮은 산들의

눈자위에 포위된 채 차를 몰았었다
마른 소나무 잎에 앉아
몸을 소멸시키고 있는 잔설들에게도
얼음처럼 단단했던 겨울의 추억이
흔적으로 떠돌고 있었다
아무리 단단한 추억이라도
새롭게 움을 트는 추억에 밀리며
그리움을 등지고 저리
몸을 풀어낼 것이다

III
일주문을 지나 경내를 배회하다
불이문으로 빠져 나오면서도
그리움이 깊어진 눈동자 속에서
추억은 빛살처럼 빠르게 소멸한다는
화두 하나를 입속에 굴리며
마음은 산문을 넘지 못했었다

누구에게든, 무엇에게든

그리운 추억은 몸을 만들어 스며있고
기억 밖으로 빠져 나올 때
그늘에 뛰어든 빛살처럼
잦아드는 것이라고
나도 막 파도에게서 몸을 빼는
대왕암을 향해 짧은 합장을 한다

율포에서

푸른 맥이 짚힌다
사이한 냄새를 풍기는
바닷물 때문일까
통, 통, 통
뱃고동처럼 맥이 뛴다

흩어졌다 와락 안겨드는
물새 떼와 함께 일정하게
갯벌을 뒤집는 어부의 두 눈에
바다가 잠겨 있다

정해진 시간이 되어야만
들고나는 바닷물처럼
내게도 오로지 지켜야 할
시간이 있었으면 좋겠다

얻은 것도, 잃은 것도 없는
삶을 뒤집으며 망막하다

바다에 이르면 왜 세포들이

무섭게 반응하는 걸까
잊고 있었던 모든 감각들이
푸른 촉수를 세운다

숨을 멈춰도 전신의 맥박은
자지러진다
이른 봄비에 눅눅히 젖은
율포에서 겨울을 떨치고 깨어나듯
반질반질하게 몸이 다시 태어난다

틈

I

금이 간 벽으로 밤새 바람이 드나들고
이따금 출렁이는 파도도 숨었다 갔다
귓바퀴를 도는 두런거림들에 이끌려
선잠을 쫓고 벽 사이로 들어가 보았다
철근과 철근, 시멘트와 시멘트 사이의
간격이 환하고 따숩다
둘러보니, 새가 떨궈놓고 간
영혼 같은 보드란 깃털도,
폭 삭아가는 나뭇잎을 갉아 먹는
애벌레의 사각이는 소리도,
동면을 준비하는 민들레 씨앗의
부산한 자리다툼도,
, , , , , , , ,

고만고만한 모든 훈훈한 마음들이
틈을 만들고 있었다

II

하늘과 땅, 별과 별,

지구와 달과 화성과 금성
사이
나와 너, 영혼과 육체,
나무와 나무도 틈을 두고 맞서있다
틈은 또 다른 틈에 에둘러 있어서
하나의 틈을 벗어나도
틈의 경계는 벗어나지 못하고

이끼

미세한 먼지, 우주를 떠다니다
마침내 내 이마에 앉았을 때
나는 푸른 품으로 보듬어 안아
갈퀴 같은 발밑에 정착할 수 있는
공간을 내주었다
그렇게 우리들의 공생은 시작되고
먼지는 내 발과 바닥이 더 굳게 얽히도록
아교처럼 단단히 발 사이에 번졌다
어쩌면 나도 처음엔
우주 속의 컴컴한 공간을 떠돌다
때 낀 시멘트 틈 사이로 내려와
이렇게 살점을 만들었을 거야
푸른 몸뚱이를 갖지 못했을 땐
내가 먼지에게 붙어 살았을지도 몰라
먼지가 나인 것처럼, 내가 먼지인 것처럼
서로 갈라놓을 수 없게

강아지풀

잊혀지지 않는 사람들에 대하여
내가 누릴 수 있는 것은 그리움일 것이다
내게 남아 있는 것은 꿈일 것이다

누가 그리워 그리 고갯짓해 부르고 있는가
무슨 꿈속에 빠져있기에
부르르 몸을 떨며 설익은 씨를 빠뜨리는가

바람이 훑고 지나가는 길 귀퉁이에 서서
너와 나는 어떤 절규를 하고 있다냐

그리움은 모호하고 꿈은 깊어서
참을 수가 없는데, 참아야 하는데

버드나무 꽃가루

얼마나 더 멀리 날아내야 할까
사랑 같은 것, 설렘 같은 것
심지어 그리움 같은 것이
아니더라도 딱 한 번이 마지막인
즐거운 죽음을 찾고 싶은 거야
죽어야만 다시 살아난다는 것은
나만의 유쾌한 비애가 아니지
지금 살아있는 일은 다들
죽음 속으로 잠영해 가는
일이라는 것을 알면서도 그저
잠시 잊고자 한 노력이 앞서 있을 뿐이지
따뜻한 바람과 고마운 햇살을
받으면서도 벌써 힘을 잃고 날지 못하는
불쌍한 것들을 좀 봐
정해진 운명마저 받아내지 못해 결국
죽지도 못하고 길가를 나뒹굴고 있어
나는 죽을 수 있을 거야
더 팽팽하게 몸을 부풀리고 날아가는 거야
죽음과 만나지도 못하고 사라지는,
다시 태어나지 못할 진짜 비극은 사양하겠어

4부 … 손바닥 녹

불면

머리를 간지럽게 돌아다니는,
잡히지도, 모양도 없는 스멀거림에 쫓기며
눈만 감은 채 잠에서 떨려 났다

수많은 문자들이 날개를 달고 날아왔다가
날갯짓도 못하고 가슴께에서 바스라져버렸다
낱낱이 흩어진 자음과 모음을 모아 시를 썼다

눈뜨면 다 잊어버릴 것 같아 더 꼭
눈꺼풀을 닫아걸고 참는 불면

밤, 무섭다
시로부터 분리되지 못한
숙면에서는 격리된

물금역에서 열차는 서지 않는다

물금역에서 열차는 서지 않는다
팔월의 땡볕 아래 철로 보수원 두어 명이
정적과 삼엄하게 대치 중일 뿐
역사를 비켜선 배롱나무조차도 움직임이 없다

그래 모두 여기에 버리고 가자
쟁여놓기만 했던 일들, 가령
쉰다섯을 이기지 못하고 목숨 줄을 놓아버린
아버지에 대한 심란한 기억이라든가
자꾸만 쌓여가는 대출금 이자 걱정이라든가

다시는 달라붙지 못하도록
이 무동無動의 공간에 내던져 버리자
버릴 것들이 있다는 것만으로도
호사스런 삶인 것이다

속에서만 들끓던 욕망을 힘껏 밀어올려
화사한 꽃으로 세상에 대항한 배롱나무처럼
어쩌면 아름다운 부산물을
배설할 수 있을지도 모르지

속을 썩여 흐물거리게만 만드는 모든 것들을
용서 없이 싸질러 버리자
똥을 싸듯 그렇게 이빨 악물고

미안타

—친구 열이의 시집을 읽다가

서둘러 아침밥을 물리고 나온 사무실에서도, 딸내미들 조잘대는 저녁상 앞에서도 생을 읽는다, 사람을 읽는다, 밥을 읽는다 읽다 보면 우는 사람 천지일 것 같은, 그러나 여름날 째져라 울어대는 매미와는 달리 소리내지 않고 우는 삶들에 포위되어 있음을 알겠다 책장을 넘기다 볼 살을 깨문 아픔쯤이야 아무것도 아니지만 밥알을 흘린다고 무섭게 째려보는 아내의 눈초리를 피해 화장실로 달려가 오래도록 바지를 까내린 채 시를 읽었다 시를 쓰고 읽는 것이 어쩌면 이렇게 긴 시간 발가벗고 몸이며 마음이며 다 싸내려가야 하는 고상치 못한 노동일 것인데, 벽에 달라붙어 꼼짝하지 않는 늦가을 히말테기 하나 없는 모기를 책 표지로 때려잡고서야 시인에게 미안하다 촐싹대며 줄을 넘는 꼬맹이를 보면서도, 집 앞에 죽어 있는 개를 묻어 주면서도 너털하게 웃는 시인에게 미안하다 아직 젊어서 살려 버티는 목숨들이 안쓰럽고 아름다운 집착임을 알지 못해 미안하다 딸내미들아, 아내여 미안하다 마음도 가누지 못하면서 몸까지 가누지 못하게 취해 들어오던 밤이, 앓아누운 아픔을 다 헤아리지 못한 날이, 마이너스 숫자만 높아 가는 통장을 내밀어야 하는 곤궁한 생활이 모조리 미안타, 미안타

날개

물이 돌던 혈관만 깡말라 남은 채
오래된 만큼 지린내도 은근한
변소 벽면에 투명한 몸 얹어놓고
쉬고 있는 잎을 보았다

잎맥들은 날래게 세상 밖으로
뻗고 싶었을 거다

공중을 하늘거리는 나비도,
수직과 평행을 반복하며 바람을 잡는
잠자리도 나뭇잎을 어깨에 달고 다닌다

정지된 세상 안을 일탈하고 싶은 마음이
몸 밖으로 드러난 날개를

꼿꼿이 선 채로 바람에 저항하다
부르르 잎을 쏟아내는 나무를 본다
맞아, 나뭇잎은 나무의 날개였던 것이다

그렇다면 내 날개는

거미

저게 뭘까, 투명한 액자 한가운데
꾹꾹 눌러 찍어놓은 듯이 새끼 손톱만 한 점이
유리창에 달라붙어 있네
햇살 좋은 날, 오래된 건물의 복도에서
겨울동안 눅눅하던 마음을 말리다
가까이 얼굴을 들이밀 때까지만 해도
그것이 거미라고는 생각할 수도 없었네
꽉 막힌 실내에 무슨 양식거리가 있다고
비집고 들어와 집을 치고 저리 단단히 버티다가
깡마른 주검이 되어 버렸단 말인가
낡은 유리를 통과해 걸러드는 햇살과
바람만으론 도저히 배를 불릴 수 없었을 거야
거미줄에 남아 있는 것은
사람들의 옷자락에서 떨어져 나온,
일상의 분비물 같은 새까만 먼지뿐이었네
얼어 죽지 않으려 실내에 들어왔다가
굶어 죽고만 거미에게서 따뜻하고 편안한 것이
독이 될 수 있다는 것을 알게 되었네

까마귀

논둑 위의 까마귀 한 마리,
무리 밖에서 무리를 보고 있다
어디든 함께하지 못하는 하나가 있는 법인가
날개를 펴고 확인 듯 논가를 돌며
춤을 추고 있는 그는 혹 자신이
까마귀일 리 없다고 생각하는 것은 아닐까
까마귀이면서 까마귀를 외면하려는
그의 불행의 단서가 낯설지 않다
떠밀린 것이든, 떠난 것이든
무리는 서로의 몸을 부비며 어울릴 뿐
그의 춤에 아무런 관심이 없다
참담한 것은 혼자여서가 아니다
관심으로부터 비켜나 있다는 것이다

고양이

늦은 술자리를 다시 찾는 친구를
아쉽게 떠밀어 보내고
낮게 고개 수그리고 걷는 밤길
어두운 곳 찾아 사,악,삭 길을 건너던
눈빛이 사악한 고양이와 마주쳤다
초저녁 내 씹었던 곱창처럼 배알이 꼬인다
나를 봐 버리다니
환하게 밝혀진 가로등 때문에
밤에도 낮처럼 숨을 데가 없다
가로등 빛도 미치지 못하는 어둠과 빛의
경계를 향해 엎드려 네 발로 기어가 본다
고양이는 내 고약한 눈빛에 질려
이미 사라지고 없다

방파제에서 자폭하다

방파제를 따라서 바다가 따라온다
이곳에서 꼭 한 번 눈을 감아보고 싶었다
닫은 눈꺼풀을 바람이 쪼아대도
갈매기가 날개 접는 소리를 들으며
등대처럼 초연히 서있고 싶었다
몽돌 사이로 물거품이 스며든다
나도 삶의 뒷면으로 잠복하고 싶다
가장 낮고 작은 자세로 엎드려
피해야 했던 일, 버려야 했던 일들을
자근자근 깨물어 보고 싶다
한낮의 푸른 햇빛이 파도 끝에서 깨지고
파도는 방파제 밑에서 자폭한다

가마골

영산강을 만들어 낸 용소를 향한 길,
강의 발원지는 본래 저렇게 작고 초라한 것인가
금강도 섬진강도 장수에서 진안에서
시작은 저리 엉성한 소용돌이로 휘돌다 번져나갔으리

어디든 땅을 파면 아직도
탄피가 나온다는 관리인의 눈 속으로
붉은 기운이 흐르고 뭉클해지는 내 가슴으로
산을 넘다 주저앉은 석양이 빨려든다

녹슨 탄피 같은 파르티잔의 영혼들이
남도 땅 여기저기를 강을 타고 돌다
윤기나는 몸을 찾아 돌아오는 가마골에 와서야
내 혈관을 따라 순환하는 그날의 격전과 만났다

여태껏 어떤 이유로 나는 싸움을 포기해야 했던가
마음 밖에 친 울타리 안에 부끄러운 시체같이 누워
사랑해내야 하는 것들을 잃어버린 나를 본다

산 밖을 향해 방향을 정한 물길이

벌목된 나무들만 토벌당한 파르티잔처럼 뒹구는
숲을 빠져나가 내 삶의 시원지였으면 싶은
담양댐에서 고인다

교차로에서

교차로에선 붉고 푸른 냄새가 난다

꿈틀거리는 연무가 도시의 내장을 훑어낼 때
아랫목에서 겨우 몸을 빼내
부시시하게 교차로에 이른다

안개등을 켜보지만 빛은 찌뿌둥하기만 하다
어쩌면 훌 훌 털어내지 못한
꿈의 찌꺼기들 때문에 안개등마저
새벽안개를 이겨내지 못하는 것이겠지만

나를 방관했던 지난밤을 잊고
교차로에서 다시 꿈을 꾸기 시작한다
온몸으로 수신호를 하는 자원봉사자의 동작에 맞춰
좌로 우로 혹은 직진을 반복하며
하루가 멋진 시작일 수 있으리라 최면을 건다

창문을 내린 채 교차로를 거쳐나가며
사거리 한복판에서 분수처럼 솟구치는
붉고 푸른 삶의 냄새를 맡는다
날마다 새롭게 도시를 파고들고 싶다

또 하나의 나, 도플갱어

언젠가 한 번은 꼭 너를 보고 싶었어
피할 수 없는 일들이 있다는 것을
직감으로 이해하면서도 머리로는
피해졌으면 하고 살았지
어쩌면 나보다는 늬가 더 그랬을지도 모를 일이야
허물어지고 낮아질수록 나를 외면하고 싶었지만
그럴수록 왜소증에 골병들고 있었던 거야
너도 나처럼 똑같이 움츠러들며 살았니
고통보다는 수치스럼에 질린 미혼모처럼
밤마다 젖몸살을 앓으며 젖을 짜 몰래 버리듯
생명을 키울 엄두도 못 낸 채 도망칠 수 없는 삶에
스스로 굴복하고 속아주며
갈래갈래 막힌 골목길을 걸어왔을 거야
이렇게 너를 만나다니 차라리 후련하다
을씨년스러운 밤이 아니라서 한결 개운하고
아직 주눅들면서 살아가야 할 시간이
남아 있어서 다행이야
시야 탁 트인 맑은 날 햇살 밑에서
차갑게 손 내밀어 잡을 수 있다니
그리워해 본 적은 없지만 늘 궁금했지
그런데 늬가 진짜니, 내가 진짜니

얼굴

집 안에서든, 집 밖에서든
또 한 명의 내가 나를 지켜보고 있습니다
마음이며 몸이며 지쳐야만 풀려나
들어갈 수 있는 집, 퇴근 후 밀고 들어간
현관문 안쪽의 신발장에 붙은 거울에도
뜨거운 물로 목욕을 마치고
물기를 털어내는 세면대 위의 거울에도
언제나 내가 아니었으면 싶은 내가 있습니다
바쁜 척 허걱이며 걷는 길옆 쇼윈도우 안에도
익숙한 발길들이 끊긴 골목의 물웅덩이 속에도
애써 무표정한 내가 엉거주춤 세운
코트 깃 사이에 숨어 있습니다
피부를 한 꺼풀 벗겨내도 그 속에서는
똑같은 얼굴이 나오겠지요
그렇다면 얼굴 속의 얼굴도, 얼굴 밖의 얼굴도
다 다르지 않다는 것인데
드러낸 얼굴은 가면이면 좋겠습니다
마네킹처럼 한 가지 표정만으로 살아내야 한다는 것은
왜 이렇게 진부한 짝사랑 같은 것인지
참으로 사랑해야 할 때, 참회해야 할 때

내놓을 수 있는 얼굴은

가면 뒤에 숨겨 쓰고 싶습니다

대성리 철길

그때처럼, 그날처럼
철로에 앉아서 울어보고 싶다
멀리 보이던 강물처럼
푸른 눈물을 흘려보고 싶다
그날, 그때 무엇 때문에 울었는지
기억할 수는 없지만
철길이 그때보다 더 진하게 녹슬어버린 것을
자세히 지켜보다 보면
가슴이 미어져 왜 그랬는지 아슴하게
기억이 오기도 할 것이 아닌가
딱, 스무 살 그 시절에
나는 어떤 꿈을 꾸고 살았던가
마흔하나, 나는 지금 무엇을
허물며 살고 있는가
아무런 이유가 없더라도 강물처럼
눈물이 흐르고 그동안 비겁하게 멀리 했던
두려운 기억들도 흘려보낼 수 있도록
다시 저, 철길에 철퍼덕 앉아서
무너지는 내 등을 두드려 주고 싶다
어떤 부끄럼도 없이 펑펑 울어버릴 수 있다면

이렇게 줄행랑치듯 차를 몰고
녹슨 길을 외면하지 않아도 될 것이다
내 스무 살이 저곳에 멈춰있다

손바닥 녹

손바닥을 가만히 보니 녹이 슬었다
출렁이는 바닷물에 손을 담군 채
때를 밀 듯 밀어내보지만
버걱거리기만 할 뿐 녹은 벗겨지지 않는다
한때 삼매진화처럼 일었던 불길은 마음을 태울 뿐이다
마음을 다 태우고 나면 그리움도 녹이 된다
가슴에 담아둔 것들을 버리고 싶어 찾아온
남해 금산 앞, 바다로 쪼그라드는 포구에서
오히려 시름을 더 보태기만 했는가
강우주의보가 가로막아 보리암에 오르지 못하고
발길을 돌릴 때부터 가슴과 머리가 다른 길을 찾는다
짓눌러놨던 마음을 한꺼번에 세워놓은 탓일 거다
쇠처럼 단단한 기다림의 더께가 퍼렇게 굳었다
손바닥이 불어 살점이 흐믈거릴 쯤에야
녹슨 그리움을 벗겨내고
바다에서 일어날 수 있을려나